Ulrich Th. Strunz · Hubert Schwarz
Dirk Konnertz

W0090234

30 Minuten
für
Höchstleistungen
im Beruf

Die Deutsche Bibliothek – CIP-Einheitsaufnahme

Strunz, Ulrich:
30 Minuten für Höchstleistungen im Beruf / Ulrich Strunz ;
Hubert Schwarz ; Dirk Konnertz.
   (30-Minuten-Reihe)
   ISBN 3-89749-031-5

Redaktion: Sandra Klaucke, Frankfurt/Main
Umschlag und Layout:
Vitting & Wagner Kommunikation, Darmstadt
Satz: Jacobs Typographie & Design, Offenbach
Titelbild (Fond): Sandra Winter, Darmstadt
Druck und Verarbeitung: Salzland Druck, Staßfurt

6. Auflage 2003

© 1999: GABAL Verlag GmbH, Offenbach

Hinweis:
Dieses Buch ist sorgfältig erarbeitet worden. Dennoch erfolgen alle
Angaben ohne Gewähr. Weder Autoren noch Verlag können für
eventuelle Nachteile oder Schäden, die aus den im Buch gemachten
Hinweisen resultieren, eine Haftung übernehmen.

Printed in Germany

www.gabal-verlag.de
info@gabal-verlag.de

ISBN 3-89749-031-5

In 30 Minuten wissen Sie mehr!

Dieses Buch ist so konzipiert, dass Sie in kurzer Zeit prägnante und fundierte Informationen aufnehmen können. Mit Hilfe eines Leitsystems werden Sie durch das Buch geführt. Es erlaubt Ihnen, innerhalb Ihres persönlichen Zeitkontingents (von 10 bis 30 Minuten) das Wesentliche zu erfassen.

Kurze Lesezeit
In 30 Minuten können Sie das ganze Buch lesen. Wenn Sie weniger Zeit haben, lesen Sie gezielt nur die Stellen, die für Sie wichtige Informationen beinhalten.

- Alle wichtigen Informationen sind blau gedruckt.

- Schlüsselfragen mit Seitenverweisen zu Beginn eines jeden Kapitels erlauben eine schnelle Orientierung: Sie blättern direkt auf die Seite, die Ihre Wissenslücke schließt.

- *Zahlreiche Zusammenfassungen innerhalb der Kapitel erlauben das schnelle Querlesen. Sie sind blau gedruckt und zusätzlich durch ein Uhrsymbol gekennzeichnet, so dass sie leicht zu finden sind.*

- Ein Register erleichtert das Nachschlagen.

Inhalt

Vorwort   6

Wo stehen Sie?   8

1. Erreichen Sie 100 Prozent Leistungsfähigkeit 10
   Zu Beginn ein kurzer Leistungs-Check   12
   Fett: der Feind Nummer 1   16
   Der Weg zu 100 Prozent Leistungsfähigkeit   18

2. Laufen Sie sich fit   20
   Das richtige Laufen   21
   Durch Laufen zu neuer Lebensenergie   26
   Durch Laufen die Kreativität wecken   29

3. Essen Sie sich fit   32
   Meiden Sie Fett   33
   Verbrennen Sie Fett mit Biostoffen   36
   Leistungsfähig durch Eiweiß   38
   Biostoffe – Grundlage für Vitalität   42
   Die sinnvolle Nahrungsergänzung   44
   Fett-Tabelle   48

4. Machen Sie sich mental fit   50
   Mentale Motivationstechniken   51
   An den Erfolg glauben   55
   Ruhe bewahren und Stress verhindern   59
   Ausatmen und Schultern fallen lassen   64

Wohin wollen Sie?   66

Tabelle „Meine Fitnessziele"   70

Nahrungsergänzung durch Biostoffe   72

Sieben Regeln für Höchstleistungen   73

Weiterführende Veranstaltungen   74

Weiterführende Literatur   76

Register   77

Vorwort

Man sollte nie so viel zu tun haben, dass man zum Nachdenken keine Zeit mehr hat. – Wir möchten Ihnen gratulieren, dass Sie sich jetzt die Zeit zum Nachdenken genommen haben.

Die meisten Menschen glauben, dass nur der beruflichen Erfolg haben kann, der sich pausenlos von früh bis spät im Schweiße seines Angesichts abrackert. Dabei vergessen viele, an den wichtigsten Menschen in ihrem Leben zu denken – nämlich an sich selbst.

Wer zu viel arbeitet
Die Folge ist häufig ein fortschreitender Leistungsabfall gepaart mit:
- permanentem Stress
- körperlicher und geistiger Unbeweglichkeit
- schleichender Verfettung
- Volkskrankheiten, wie z. B. Bluthochdruck, Gelenk- und Rückenschmerzen
- Unzufriedenheit, Unlust und Depressionen.

Wir möchten Ihnen in den kommenden 30 Minuten eine andere Welt aufzeigen: eine Welt der Leichtigkeit und Begeisterung, in der Sie berufliche Höchstleistungen vollbringen und kreative Problemlösungen erarbeiten können, und das fast ohne Anstrengung. Zumindest ohne die Anstrengung, die Sie bisher kennen: das verbissene Hinarbeiten auf ein hoch gestecktes Ziel. Sie erfahren in diesem Buch, wie Sie Ihre Leistungsfähigkeit auf beinahe mühelose und Spaß machende Weise enorm verbessern können.

Körperliche und geistige Gesundheit

Sie sollten lediglich die Motivation aufbringen, täglich ein wenig an sich selbst zu denken – an Ihre körperliche und mentale Fitness. Diese beruht auf drei Säulen:

- richtige Bewegung
- richtige Ernährung
- mentales Training.

Setzen Sie Ihre Gesundheit und Ihre Fitness an oberste Stelle Ihrer persönlichen Zielplanung. Wenn Ihr Körper gesund ist, kommt die mentale Leistungsfähigkeit fast von allein. Sie werden glücklicher, zufriedener, kreativer und erfolgreicher!

Für dieses Thema möchten wir Sie nun begeistern. Alle unsere Ratschläge und Anleitungen beruhen auf unseren jahrelangen Erfahrungen als Arzt, Hochleistungssportler und Trainer.

Viel Spaß und Erfolg wünschen Ihnen

Dr. med Ulrich Th. Strunz, Hubert Schwarz und Dirk Konnertz

Wo stehen Sie?

Dieser Eingangstest dient Ihrer persönlichen Standort-
bestimmung. Überlegen Sie, welchen der folgenden 15
Aussagen Sie eher zustimmen und welche Sie eher ver-
neinen. Kreuzen Sie entsprechend an.
Auf diese Weise können Sie Ihre momentanen persönlichen Engpässe ermitteln.

	Eher ja	Eher nein
Ich bin zum richtigen Zeitpunkt hellwach und leistungsbereit.	☐	☐
Ich habe meine Ziele klar vor Augen.	☐	☐
Ich habe Durchhaltevermögen bei der Umsetzung meiner Ziele.	☐	☐
Ich kann mich gut motivieren.	☐	☐
Ich bin überwiegend optimistisch.	☐	☐
Ich habe ausreichend Zeit, um kreativ zu sein.	☐	☐
Ich kann mich schnell und effektiv organisieren.	☐	☐
Ich bin ausgeglichen.	☐	☐
Ich kann mich völlig entspannen.	☐	☐

	Eher ja	Eher nein
Ich fühle mich körperlich fit.	☐	☐
Ich kann mich gut selbst disziplinieren.	☐	☐
Ich lebe und ernähre mich gesund.	☐	☐
Ich habe genügend Zeit für Freunde und Familie.	☐	☐
Ich fühle mich glücklich und zufrieden.	☐	☐

Auswertung

Die Aussagen, bei denen Sie „Eher nein" angekreuzt haben, stellen für Sie zurzeit Engpässe dar. Wir möchten Sie mit diesem Buch motivieren und unterstützen, diese Engpässe als persönliche Herausforderungen zu betrachten und erfolgreiche Strategien zur Bewältigung zu entwickeln.

Der Weg zu mehr Leistung

Auf den nächsten Seiten zeigen wir Ihnen, wie Sie durch eine Verbesserung Ihrer körperlichen und mentalen Fitness Ihre Ausdauer, Motivation, Konzentration und Kreativität steigern und somit an Leistungsfähigkeit gewinnen können.

1. Erreichen Sie 100 Prozent Leistungsfähigkeit

*Kennen Sie Ihre
Leistungsparameter?*   *Seite 15*

*Wissen Sie, dass Fett
Ihr Feind Nr. 1 ist?*   *Seite 16*

*Möchten Sie Ihre körperliche
Leistungsfähigkeit steigern?*
    Seite 18

Manche Menschen fühlen sich oft träge, schlapp und unmotiviert, wissen aber nicht so recht, warum. Sie schieben es auf ihr Alter, auf die Jahreszeit und auf viele andere äußere Umstände.

Der Arzt verordnet Bewegung und verschreibt die eine oder andere Pille, deren Einnahme weniger Überwindung kostet als z. B. das tägliche Joggen. Der schleichende körperliche Verfall ist somit vorprogrammiert.

Die Leistung nimmt ab

Da Körper und Geist eine unauflösliche Einheit bilden, führt ein Abfall der körperlichen Leistung gleichzeitig auch zu Einschränkungen der geistigen Leistung. Das betrifft Kreativität, Konzentrationsfähigkeit, Motivation und nicht zuletzt Ihre Stimmung.

Nicht unter 30 Prozent sinken lassen!

Der Mensch kann von seiner körperlichen und geistigen Leistungsfähigkeit bis zu 70 Prozent herschenken, ohne dass etwas Nennenswertes passieren muss. Dann tut es aber richtig weh. Im schlimmsten Fall folgt ein Herzinfarkt, ein Schlaganfall oder eine Angina pectoris. Auch die geistige Flexibilität nimmt ab. Sie können dies rechtzeitig verhindern! Tun Sie etwas, bevor Ihre Leistungsfähigkeit unter 30 Prozent sinkt, denn dann folgt der körperliche Zusammenbruch.

Auch wenn sich die Kurve Ihrer Leistungsfähigkeit stetig nach unten bewegt, haben Sie zu jeder Zeit und in jedem Alter die Möglichkeit, wieder nach oben durchzustarten. Mit 30, 40, 50, 60 und auch noch in späteren

Jahren können Sie Ihre persönliche Fitness entscheidend verbessern. Sie können Ihre optimale körperliche und geistige Leistungsfähigkeit erreichen.

1.1 Zu Beginn ein kurzer Leistungs-Check

Damit Sie einen Überblick über Ihre momentane körperliche Leistungsfähigkeit erhalten, sollten Sie auf zwei Dinge Ihr Augenmerk richten: auf Ihr Gewicht und auf Ihre Leistungsparameter im Blut.

Das Gewicht kontrollieren
Um das Idealgewicht zu bestimmen, rechnen Mediziner heute mit dem Body-Mass-Index (BMI):

- BMI unter 19: leichtes Untergewicht
- BMI 19 bis 25: Idealgewicht
- BMI 25 bis 30: leichtes Übergewicht
- BMI über 30: starkes Übergewicht

$$BMI = \frac{\text{Körpergewicht (kg)}}{\text{Körpergröße (m)}^2}$$

Beispiele
- Für eine 1,70 m große und 65 kg schwere Frau errechnet sich ein BMI von: 65 / (1,7 x 1,7) = 22,5.
- Für einen 1,85 m großen und 85 g schweren Mann beträgt der BMI: 85 / (1,85 x 1,85) = 24,8.

Beide Personen haben nach dem Body-Mass-Index also ein Idealgewicht. Dennoch liefert der BMI kein eindeutig zuverlässiges Bild des körperlichen Zustands. Eine auf den ersten Blick dünne Person mit einem idealen BMI könnte in einer körperlich schlechteren Verfassung sein als ein äußerlich sehr kräftiger Mensch.

Entscheidend: der Fettanteil

Weder das Gewicht noch das Aussehen können die körperliche Gesundheit attestieren. Maßgeblich für das Wohlbefinden ist nämlich vor allem der Anteil von Fett im Körper. Ein dünner Mensch kann einen sehr hohen Körperfettanteil haben, während vielleicht ein äußerlich kräftiger Mensch wesentlich weniger Körperfett hat. Solange Muskelfasern noch durch Fettinseln ersetzt werden können, nimmt der Mensch nicht zu. Erst wenn die Muskulatur kein Fett mehr aufnehmen kann, wächst die Fettschicht unter der Haut und damit auch das Gewicht auf der Waage.

Den Fettanteil ermitteln

Wichtig ist also die Bestimmung des Körperfettanteils. Heute gibt es elektronische Waagen, die diesen ganz einfach ermitteln. Mit Hilfe von Schwachstrom wird der Widerstand der Zellen gemessen und so der Körperfettanteil in Prozent genau bestimmt.

Ist Ihr Gewicht in Ordnung? Bestimmen Sie dazu Ihren Body-Mass-Index. Zusätzlich sollten Sie Ihren Körperfettanteil ermitteln, denn zu viel Körperfett ist für viele Krankheiten (z. B. Schlaganfall) verantwortlich.

Körperfettanteil bei Männern

Alter	Sehr gut	Gut	Mittel	Schlecht
20-24	10,8	14,9	19,0	23,3
25-29	12,8	16,5	20,3	24,3
30-34	14,5	18,0	21,5	25,2
35-39	16,1	19,3	22,6	26,1
40-44	17,5	20,5	23,6	26,9
45-49	18,6	21,5	24,5	27,6
50-59	19,8	22,7	25,6	28,7
60 +	20,2	23,2	26,2	29,3

Körperfettanteil bei Frauen

Alter	Sehr gut	Gut	Mittel	Schlecht
20-24	18,9	22,1	25,0	29,6
25-29	18,9	22,0	25,4	29,8
30-34	19,7	22,7	26,4	30,5
35-39	21,0	24,0	27,7	31,5
40-44	22,6	25,6	29,3	32,8
45-49	24,3	27,3	30,9	34,1
50-59	26,6	29,7	33,1	36,2
60 +	27,4	30,7	34,0	37,3

Bewertung des Körperfettanteils (in Prozent)

Die Leistungsparameter im Blut bestimmen
Lassen Sie von einem Arzt folgende drei Leistungsparameter in Ihrem Blut bestimmen:
- Gesamteiweiß
- Haemoglobin
- Magnesium.

a) Gesamteiweiß
Das Eiweiß ist Baustein für wichtige Enzyme und Hormone. Hier streben Sie den oberen Bereich an. Bei einem Wert von 8 g/dl fühlen Sie sich wohl und aktiv, bei 7 g/dl geht es Ihnen ganz gut, und bei 6 g/dl sind Sie müde und schlapp. Faustregel: Je höher, desto besser. Empfehlung: größer 7,7 g/dl.

b) Haemoglobin
Haemoglobin ist das Maß der Sauerstoff-Transportfähigkeit des Blutes.
Empfehlung: Männer sollten Werte von mindestens 16 g/dl haben, Frauen einen Wert größer als 14 g/dl.

c) Magnesium
Das Leistungsmineral Magnesium optimiert die Sauerstoffversorgung der Zellen und weitet die Blutgefäße. Es verhindert Migräne, Angina pectoris, Schlafstörungen und Tinnitus.
Empfehlung: größer als 0,9 mmol/l.

Wenn Sie unser Fitnessprogramm umsetzen, werden sich Ihre Werte schon nach drei Monaten deutlich zum Positiven verändern. Lassen Sie deshalb Ihre Leistungsparameter in drei Monaten erneut bestimmen.

Machen Sie zu Beginn einen persönlichen Leistungs-Check. Messen Sie Ihren Körperfettanteil, und lassen Sie von einem Arzt Ihre Leistungsparameter Eiweiß, Haemoglobin und Magnesium im Blut untersuchen. Sie können auf diese Weise genau ermitteln, wie fit Sie sind, und mit Hilfe der Anleitungen dieses Buches zu optimaler körperlicher und geistiger Leistungsfähigkeit gelangen.

1.2 Fett: der Feind Nummer 1

Körperliche und geistige Leistungsfähigkeit sind nur möglich bei guter Durchblutung – also bei der optimalen Versorgung des Organismus mit Sauerstoff.

Die Blutbahnen
Wenn sich Fett an den Innenwänden Ihrer Blutgefäße einzunisten beginnt, wirkt dies wie ein Magnet für Kalk und andere Stoffe, die sich – ähnlich wie in einem Wasserrohr – in den Blutgefäßen ablagern. Sie verstopfen die Gefäße und behindern die optimale Versorgung der Organe mit Sauerstoff. Im Extremfall führt dann die so genannte Arteriosklerose zu einem Herzinfarkt oder Schlaganfall.

Das Gefäßnetz eines Menschen misst etwa 100.000 km, könnte also zweieinhalb Mal um die Erde gewickelt werden. Würde man das Netz ausbreiten, deckte es sechs Tennisplätze ab. In ein solches Netz passt also viel Fett hinein!

- Ist die *Halsschlagader* von der Verfettung betroffen, fließt weniger Sauerstoff zum Gehirn. Allein im Klinikum Nürnberg schälen Gefäßchirurgen über tausendmal im Jahr garnelengroße Fettklumpen aus den Halsschlagadern von Patienten, die kurz vor einem Schlaganfall stehen.
- Ist hingegen die *Herzschlagader* verstopft, krampft das Herz schon nach wenigen Schritten zusammen. Die Ärzte nennen dies Angina pectoris.
- Handelt es sich aber um die *Körperschlagader* im Bauch, bekommen die Beine zu wenig Sauerstoff, so dass der betroffene Mensch bereits nach einigen Metern vor Schmerzen stehen bleiben muss.

Das Gehirn
Ein weiterer Fettspeicher ist das Gehirn. Fett beeinträchtigt hier den Transport der Informationen von Gehirnzelle zu Gehirnzelle. Denkprozesse werden zäher, und auch die Konzentrationsfähigkeit leidet darunter.

Die Fettpölsterchen
Fett in den Blutbahnen und im Gehirn ist auf den ersten Blick nicht sichtbar. Erst wenn unverbrauchtes Fett in die Hüfte wandert, können Sie es sehen und fühlen.
In Deutschland, Österreich und der Schweiz werden im Durchschnitt 142 Gramm Fett täglich konsumiert – 80 Gramm zu viel. Schon ein Esslöffel Butter (10 Gramm Fett) pro Tag verursacht in 10 Jahren 350.000 Kalorien, die z. B. in 700 Stunden Fitnessstudio abgebaut werden müssten.

Bezogen auf Ihre körperliche und geistige Leistungs-fähigkeit betrachten Sie Fett in Zukunft als Ihren Feind Nummer 1. Zunächst lagert sich das Fett (unsichtbar) in Blutbahnen und im Gehirn ab, erst danach wird es sichtbar! Verzichten Sie – so gut es geht – auf Fett, und bauen Sie das in Ihrem Körper gelagerte über-schüssige Fett ab.

1.3 Der Weg zu 100 Prozent Leistungsfähigkeit

Sie können Ihre Leistungsfähigkeit wieder ankurbeln – unabhängig davon, auf welchem Leistungsniveau Sie sich gerade befinden: bei 30, 50 oder 80 Prozent. Schen-ken Sie in Zukunft drei Bereichen Ihre Beachtung:
- Bewegung
- Ernährung und
- mentalem Training.

Fett wird vom Muskel mit Hilfe von Fettenzymen ver-brannt. Der Muskel des Sportlers verbrennt Fett, doch der Muskel des Kopfarbeiters, der seine Fettenzyme viele Jahre nicht mehr gebraucht hat, verbrennt nur Zucker. Die Fettenzyme des Kopfarbeiters sind nach Jahren körperlicher Untätigkeit nicht mehr vorhanden und müssen durch entsprechendes Training erst wieder gebildet werden.

Die beste Bewegung: Laufen
Laufen ist die beste Möglichkeit, viele Fett abbauende Enzyme zu produzieren, da beim Joggen ein Großteil

der Muskulatur bewegt wird. Laufen sorgt also dafür, dass Ihre Muskeln Fett verbrennen. Laufen räumt das Blut auf und baut Stress ab. Wie Sie richtig laufen, erfahren Sie in Kapitel 2 (vgl. Seite 21).

Richtige Ernährung
Bei der richtigen Ernährung konzentrieren Sie sich auf die zwei wichtigen Bestandteile Ihrer Nahrung: Eiweiße und Biokatalysatoren – also Vitamine, Mineralien und Spurenelemente. Wie Sie durch richtige Ernährung leistungsfähiger und kreativer werden können, erfahren Sie in Kapitel 3 (vgl. Seite 33).

Mentales Training
Mit Hilfe von Mentaltechniken finden Sie die nötige innere Ruhe und können so besser mit Stresssituationen umgehen. Wie Sie es schaffen, das Stresshormon Adrenalin unter Kontrolle zu halten, erfahren Sie in Kapitel 4 (vgl. Seite 51).

Fühlen Sie sich träge, schlapp und antriebslos? Dann ist wahrscheinlich Ihre körperliche und geistige Leistungsfähigkeit bereits erheblich eingeschränkt.
- *Führen Sie einen Leistungs-Check durch: Kontrollieren Sie Ihr Gewicht und messen Sie Ihren Körperfettanteil.*
- *Lassen Sie von einem Arzt die Leistungsparameter in Ihrem Blut ermitteln.*
- *Die Erfolgsformel für mehr Leistungsfähigkeit: Bewegung, Ernährung und mentales Training.*

2. Laufen Sie sich fit

Wissen Sie, warum Laufen im Sauerstoffüberschuss wichtig ist?
Seite 21

Kennen Sie die zahlreichen positiven Nebenwirkungen von richtigem Laufen? Seite 26

Wie können Sie durch Laufen kreativer werden? Seite 29

Da nur der Muskel Fett verbrennen kann, sollten Sie möglichst viele Muskeln in Fett verheizende Öfchen verwandeln. Beim Laufen sind 70 Prozent, beim Radfahren 35 Prozent und beim Schwimmen etwa 15 Prozent Ihrer Muskulatur aktiv. Laufen ist also die beste Alternative, um Fett zu verbrennen.

Übrigens: Noch effektiver als Laufen ist Skilanglauf, denn dabei werden 90 Prozent der Muskeln eingesetzt. Nur ist dafür das Wetter selten geeignet.

2.1 Das richtige Laufen

Der Kölner Sportmediziner Prof. Dr. Rost hat 50 Führungskräfte im Kölner Stadtpark getestet, die in der Mittagspause durch Laufen ihr Fett abbauen wollten. Die Untersuchung eines Tröpfchen Blutes ergab, dass fast keiner von ihnen Fett verbrannte. Dies lag daran, dass die Jogger die Gebrauchsanweisung für richtiges Laufen nicht beachtet hatten.

Bei der Fettverbrennung ist folgende Regel wichtig:

> Der Muskel verbrennt Fett nur im Sauerstoffüberschuss, im so genannten aeroben Bereich. Ansonsten bedient er sich aus dem Reservetank der Kohlenhydrate; es wird dann kein Fett verbrannt.

Die Kunst des Laufens
Solange Sie so laufen, dass die Milchsäure (Laktat) in Ihrem Blut unter dem Wert 4 mmol/l bleibt, befinden Sie sich im aeroben Bereich und verbrennen Fett.

Wenn der Laktatwert über 4 mmol/l steigt, geraten Sie in den anaeroben Bereich, und es wird kein Fett mehr verbrannt. In diesem Fall leiden Ihre Muskeln unter Sauerstoffnot, der Körper reagiert sauer, Sie beginnen schneller zu atmen, zu hecheln und zu schnaufen.

Bei den Führungskräften im Kölner Stadtpark hat Prof. Dr. Rost Laktatwerte zum Teil weit über der 4 mmol-Grenze gemessen. Das bedeutet also, dass diese Jogger trotz großer Anstrengung nur eine Handvoll Kohlenhydrate, aber kein Fett verbrannten.

Mit dem richtigen Puls laufen

Die Kunst des richtigen Laufens besteht demnach darin, das richtige Tempo bzw. den richtige Puls zu finden. Bis zu einem bestimmten Puls verbrennen Sie Fett. Laufen Sie dagegen zu schnell und kommen Sie dabei über die Pulsgrenze, verbrennen Sie lediglich Kohlenhydrate.

Um Ihren Puls während des Laufens kontrollieren zu können, benötigen Sie eine Pulsuhr, die Sie mittlerweile in fast allen Sportfachgeschäften kaufen können. Wichtig bei der Auswahl der Uhr ist, dass Sie eine Pulsober- und eine Pulsuntergrenze eingeben können und durch einen Warnton darauf hingewiesen werden, wenn Sie diesen Trainingsbereich verlassen.

Individuelle Pulsgrenze

Die Pulsgrenze zwischen aerobem und anaerobem Bereich ist je nach körperlicher Fitness und Tagesverfassung von Mensch zu Mensch verschieden. Die folgende Tabelle hat deshalb nur eine orientierende Funktion und spiegelt Lehrbuchwissen wider. Sie zeigt die Trainingsfrequenz in Abhängigkeit vom Ruhepuls.

Ruhepuls pro Minute	Trainingsfrequenz/Alter				
	20-39	40-49	50-59	60-70	>70
bis 50	140	135	130	125	120
50-59	140	135	130	125	120
60-69	145	140	135	130	125
70-79	145	140	135	130	125
80-89	145	140	135	130	125
90-100	150	145	140	135	130

Orientierungshilfe für den Trainingspuls

Den richtigen Trainingspuls ermitteln

Ein exaktes Ergebnis erhalten Sie, wenn Sie den Laktat-wert Ihres Blutes bestimmen lassen. Da dies nun nicht täglich möglich ist, Ihre Tagesleistung aber variieren kann, empfehlen wir folgende Technik:

Laufen Sie langsam los. Atmen Sie drei Schritte lang ein und drei Schritte lang aus, drei ein, drei aus ... Schauen Sie nach fünf Minuten auf Ihre Pulsuhr, die Ihnen einen Puls zeigen wird, den Sie beim aktuellen Training bei-behalten sollten. Laufen Sie dann 30 Minuten oder län-ger mit diesem Puls. Damit der Puls konstant bleibt – wichtig! – verringern Sie bergauf Ihre Geschwindigkeit und bergab legen Sie einen Zahn zu.

Nach vier Wochen sind Sie bereits schneller: Laufen Sie etwas zügiger und atmen Sie zwei Schritte ein, drei Schritte aus.

Damit Sie beim Laufen auch Fett verbrennen, müssen Sie mit dem richtigen Puls laufen. Welche Pulsfrequenz für Sie richtig ist, hängt von mehreren Faktoren ab – wie z. B. Ihrem Alter oder Ihrem Ruhepuls.

Laufen Sie täglich mindestens 30 Minuten

Wichtig ist das regelmäßige Laufen im Sauerstoffüberschuss. Damit starten Sie Ihren Hochleistungsmotor. Reservieren Sie in Ihrem Zeitplan täglich 30 Minuten, in denen Sie laufen. Wenn Sie dies vier Wochen lang zur gleichen Zeit tun, wird das Laufen zu einer Gewohnheit, zu einem Reflex – so wie das Frühstücken. Laufen Sie jeden Tag bei jedem Wetter. Nach einem Monat werden Sie fast „süchtig" danach sein und sich einen Tag ohne Laufen kaum noch vorstellen können.

Laufen Sie lächelnd

Lachen ist nicht nur die beste Medizin, es aktiviert auch Ihre Glückshormone. Wenn Sie Ihre Mundwinkel heben, drückt ein Muskel in jeder Wange auf einen bestimmten Nerv, der Ihrem Gehirn signalisiert, weitere Endorphine (Glückshormone) auszuschütten.

Wenn Ihnen am Anfang 30 Minuten Laufen zu viel sind, beginnen Sie mit fünf Minuten und steigern täglich Ihre Trainingszeit um eine Minute, bis Sie die halbe Stunde erreicht haben. So gewöhnen Sie Ihren Körper langsam an das Ausdauertraining.

Schalten Sie den Fettverbrennungs-Turbo an

Mit der folgenden Technik schaffen Sie es, dass Ihre Körperzellen regelrecht gierig danach werden, Fett zu verbrennen. Laufen Sie erst locker los, dann sprinten Sie sieben Sekunden. Nach dem Sprint erholen Sie sich in einem langsamen Trab. Nach einer Minute sprinten Sie erneut sieben Sekunden. Dieses Spiel können Sie nun wiederholen, bis Sie Ihre 30 Minuten Gesamtlaufzeit erreicht haben.

Sollte Sie das häufige Sprinten zu sehr anstrengen und dazu führen, dass Sie nicht mehr innerhalb weniger Sekunden wieder in den aeroben Bereich gelangen, dann können Sie den Sieben-Sekunden-Sprint auch nur alle fünf Minuten einsetzen.

Der Hintergrund: Damit sich Ihre Muskeln zusammenziehen, muss sich in der Zelle ATP (Adenosintriphosphat) entzünden. Der Bestandteil Phosphor muss bei körperlicher Belastung ständig neu gebildet werden, wozu der Körper Zucker oder Fett verbrennt. Durch den kurzen Sprint wird der Phosphor in den Körperzellen verbraucht. Wenn Sie nun schlagartig langsam laufen und in kurzer Zeit wieder in den Sauerstoffüberschuss gelangen, wird nicht Zucker zum Aufbau von Phosphor verwendet, sondern Fett. Die phosphatentleerte Zelle saugt dann Fett als Brennstoff in sich hinein, und Sie verbrennen mehr Fett mit Turboeffekt.

Laufen ist nicht gleich Laufen. Fett bauen Sie nur dann ab, wenn Sie in der richtigen Geschwindigkeit, mit dem richtigen Puls laufen. Ihre Muskeln verbrennen Fett, wenn Sie einen Sauerstoffüberschuss im Blut haben (aerober Bereich). Bewegen Sie sich zu schnell, fehlt Ihrem Körper Sauerstoff: In diesem anaeroben Bereich werden lediglich Kohlenhydrate verbrannt, kein Fett.

2.2 Durch Laufen zu neuer Lebensenergie

Fitness-Studien zeigen, dass im Jahre 1977 10-jährige Kinder in einem Sechs-Minuten-Lauf im Durchschnitt 1200 Meter laufen konnten. 1991 schafften Kinder gleichen Alters nur noch durchschnittlich 800 Meter ...
Die Tendenz ist weiter fallend; der Mensch entwickelt sich immer stärker zum Homo sedens, dem Sitzmenschen. Eigentlich zum Laufen und Jagen geboren, verbringen heute die meisten Menschen ihr Leben vorwiegend sitzend oder liegend.

Auswirkungen auf die geistige Leistung
Da die körperliche eng mit der geistigen Ausdauerleistung verbunden ist, hat diese Entwicklung verheerende Folgen: Immer mehr Menschen werden nicht nur körperlich, sondern auch geistig unbeweglich. Menschen, die sportlich ausdauernd sind, halten auch bei geistigen Herausforderungen länger durch und sind so eher in der Lage, kreative Problemlösungen zu entwickeln.
Mit regelmäßigem Laufen im aeroben Bereich trainieren Sie somit nicht nur Ihren Körper, sondern auch Ihren Geist. Sie werden insgesamt ausdauernder, konzentrierter und motivierter.

Laufen ist die beste Diät
Wenn Sie jeden Tag 30 Minuten im Sauerstoffüberschuss laufen, steigt die Menge der Fett abbauenden Enzyme in Ihrem Körper von z. B. 10 auf 90 Prozent an. Noch völlig untrainiert verbrennen Sie beim Laufen während einer halben Stunde nur 0,1 Gramm Fett.

Nach vier Wochen verheizen Ihre Muskeln schon 5 Gramm (50-mal so viel) und nach zwölf Wochen 25 Gramm, das sind 250 kcal reines Fett.

Sie werden nach drei Monaten zu einer Fettverbrennungsmaschine, die auch außerhalb der Trainingszeit Fett verbrennt – und zwar rund um die Uhr, sogar im Schlaf.

Laufen kräftigt das Herz
Laufen ist das beste Medikament, um die Blutfettwerte, den Cholesterinspiegel, zu senken. Durch regelmäßiges Laufen verringert sich der Ruhepuls. Das hat zur Folge, dass das Herz ökonomischer arbeitet. Zusätzlich bildet Ihr Körper durch Laufen neue Blutgefäße und sorgt so für eine ausreichende Blutversorgung.

Laufen stärkt das Immunsystem
Es gibt kein besseres Medikament als Laufen, um das menschliche Immunsystem zu stärken. Schon nach 30 Minuten Laufen im Sauerstoffüberschuss befinden sich in Ihrem Körper über 30 Prozent mehr Killerzellen, die Bakterien, Viren und auch Krebszellen wirkungsvoll bekämpfen können.

Laufen beugt vor
Durch Laufen senken Sie auf die Dauer den Insulinspiegel in Ihrem Blut und beugen somit Diabetes vor. Mit jedem Schritt stärken Sie Ihre Knochen, indem sich Kalzium einlagert. Das mindert das Osteoporose-Risiko (Knochenentkalkung). Der Harnsäurespiegel wird durch Laufen gesenkt, somit beugen Sie einer Gicht vor.

Laufen baut Stress ab

Das Stresshormon Adrenalin schlägt Kerben in Ihre Gefäßinnenwände und macht sie porös. Die Blutgefäße sind dann besonders empfänglich für Fett und Kalk. Die Folgen können Arteriosklerose, Herzinfarkt oder Schlaganfall sein. Beim Laufen verbrennen zirkulierende Stresshormone.

Laufen macht glücklich

30 Minuten Laufen im aeroben Bereich durchflutet Ihren Körper mit Sauerstoff, setzt Endorphine frei und erzeugt den Glücksbotenstoff Serotonin, einen Neurotransmitter, der im Gehirn für gute Laune sorgt. Stimmungshebende Psychopharmaka wirken über die Anhebung des Serotoninspiegels. Serotonin macht glücklich und schafft Distanz zu Alltagsproblemen.

Potenzieren Sie Ihre Fitness

Wenn ein „normaler" Mensch in jeder Zelle über zwei Kraftwerke (Mitochondrien) verfügt, dann besitzt ein Marathonläufer dagegen zwölf. In den Mitochondrien, die Sie durch Laufen also versechsfachen können, wird die Lebensenergie produziert. Jeder Trainingstag steigert Ihre Fitness. Sie werden so von einem Zwei- zu einem Zwölf-Zylinder, der auch am Schreibtisch überdurchschnittliche Leistungen vollbringen kann.

 Laufen macht gesund und spendet neue Lebensenergie: Sie nehmen ab, sind weniger gestresst und fühlen sich glücklich. Ihr Cholesterinspiegel wird gesenkt, das Immunsystem wird gestärkt. Durch Laufen können Sie Ihre Fitness um ein Vielfaches steigern.

2.3 Durch Laufen die Kreativität wecken

Allgemeine Erfahrung von Läufern ist, dass sich das neuronale Netz durch kontinuierliches Ausdauertraining im aeroben Bereich so verändern kann, dass die Gehirnleistung bis zu 100 Prozent erhöht wird.

Aufgaben der Gehirnhälften
Der amerikanische Neurophysiologe Roger Sperry war maßgeblich an der Erforschung des menschlichen Gehirns beteiligt. Ausgehend von Sperrys Forschungsergebnissen, für die er 1981 den Nobelpreis für Medizin erhielt, schreibt die Gehirnforschung der linken und rechten Gehirnhälfte unterschiedliche Tätigkeiten zu.

Linke Gehirnhälfte	Rechte Gehirnhälfte
• verarbeitet Informationen nacheinander	• verarbeitet Informationen gleichzeitig
• nimmt Einzelheiten wahr	• erfasst das Ganze
• denkt logisch	• bricht Regeln
• stellt Regeln auf	• will das Risiko
• vermeidet Fehler	• ist neugierig
• analysiert	• handelt intuitiv und gefühlsbetont
• spricht verbal	• stellt sich Bilder vor
• liest	• malt und zeichnet
• schreibt	• schauspielert
• rechnet	• bewegt sich
• plant	• fühlt
• ordnet.	• riecht.

Aufgaben der Gehirnhälften

Dominanz der linken Gehirnhälfte

Der Großteil der Kopfarbeiter nutzt fast ausschließlich die rationale Seite – also die linke Gehirnhälfte. Auch in Schule und Ausbildung werden heutzutage die für Zielsetzungen und kreative Problemlösungen wichtigen Fähigkeiten der emotionalen rechten Gehirnhälfte vernachlässigt.

Roger Sperry sagte dazu: „Das wichtigste in Erscheinung tretende Thema ist, ... daß es zwei Arten des Denkens zu geben scheint, die relativ getrennt durch die linke beziehungsweise rechte Hemisphäre repräsentiert werden, und daß unser Erziehungssystem sowie die Wissenschaft im allgemeinen dazu neigen, die nicht verbale Form des Intellekts zu vernachlässigen. Das bedeutet letztlich, dass die moderne Gesellschaft die rechte Hemisphäre diskriminiert."

Zusammenspiel beider Hemisphären

Erst durch ein sinnvolles Zusammenspiel beider Gehirnhälften kann der Mensch geistige Höchstleistungen erbringen. Phantasie und Kreativität werden für Erfolg im Beruf immer wichtiger werden.

Beim Laufen im Sauerstoffüberschuss und in freier Natur werden Sie merken, dass Ihre rechte Gehirnhälfte auf vollen Touren läuft und Sie plötzlich Ideen entwickeln, die Ihnen sonst nicht in dieser Leichtigkeit zufließen würden. Reinhold Messner, der erfolgreiche Bergsteiger, formulierte entsprechend: „Unter freiem Himmel sind auch die Gedanken weiter."

Laufen ist die wirkungsvollste und am leichtesten zu praktizierende Sportart, um Fett – den Hauptfeind geistiger und körperlicher Höchstleistungen – abzubauen.

- *Wichtig: Laufen Sie im Sauerstoffüberschuss (im aeroben Bereich), denn nur dann verbrennen Sie Fett.*
- *Finden Sie dazu Ihren persönlichen Trainingspuls, den Sie während des Laufens nicht über- oder unterschreiten sollten.*
- *Laufen hat unzählige positive Nebenwirkungen: Sie stärken Ihr Immunsystem und Ihre Knochen, Sie fühlen sich glücklicher und weniger gestresst, und Sie werden kreative Problemlösungen finden.*

3. Essen Sie sich fit

Wie können Sie zu viel Fett in der Nahrung vermeiden? Seite 34

Wissen Sie, wie Sie Ihren Körper ausreichend mit Eiweiß versorgen? Seite 41

Welche Nahrungsergänzung – Vitamine und Spurenelemente aus der Apotheke – ist sinnvoll? Seite 44

Richtige Ernährung ist ein wichtiger Baustein für Ihre körperliche und geistige Leistungsfähigkeit. Fehlende Ausdauer und mangelnde Konzentrationsfähigkeit sind oftmals Auswirkungen von falscher Ernährung.

Beachten Sie in Zukunft die drei Grundregeln der Ernährung:
1. Meiden Sie Fett.
2. Konzentrieren Sie sich auf die „Diamanten" in Ihrer Nahrung: Aminosäuren (Eiweiße) und Biokatalysatoren (Vitamine, Mineralien und Spurenelemente).
3. Führen Sie Ihrem Körper eine sinnvolle Nahrungsergänzung zu.

Mit den folgenden Ernährungstipps werden Sie ausdauernder, konzentrierter, ausgeglichener und somit auch leistungsfähiger.

3.1 Meiden Sie Fett

Beim Denken verbrennt Zucker im Gehirn, kein Fett. Fett lagert sich ab, lähmt Ihre Gedanken. Fett ist der Hauptfeind des Kopfarbeiters. In Kapitel 2 (vgl. Seite 20 ff.) haben Sie bereits erfahren, wie Sie mit Hilfe der richtigen Bewegung Fett abbauen können.

Bei Ihrer Ernährung sollten Sie vor allem darauf achten, Fett zu vermeiden. In Deutschland essen die Menschen durchschnittlich 142 Gramm Fett pro Tag, wobei 60 Gramm gerade richtig wären, um schlank zu bleiben.

Untersuchungen haben ergeben, dass ein Mensch, der täglich 10 Gramm Fett spart, pro Jahr 4,7 Kilo Gewicht reduzieren kann.

Weniger Fett

Meiden Sie daher sichtbares Fett und sparen Sie besonders an tierischen Fetten. Geben Sie den ungesättigten Fettsäuren der Pflanzenöle den Vorzug, da Ihr Körper diese nicht selbst herstellen kann. Im Folgenden erhalten Sie einige hilfreiche Tricks, um Fett in der Ernährung zu vermeiden.

- Natürlich light: Naturbelassene Lebensmittel sind fettärmer. So enthalten z. B. 100 Gramm Pellkartoffeln (66 kcal) 0,3 Gramm Fett, 100 Gramm Kartoffelchips (549 kcal) hingegen 40 Gramm Fett .
- FdH-Kochen: Wir meinen damit nicht die landläufige Abkürzung für „Friss die Hälfte", sondern „Fett die Hälfte". Pinseln Sie beschichtete Pfannen nur leicht mit Öl ein und gießen Sie nach dem Anbraten von Fleisch das Fett weg.
- Null-Tarif: Greifen Sie bei Obst, Gemüse, Kartoffeln und Salat zu, denn diese enthalten kein Fett. Dämpfen und Grillen können Sie auch ohne Fett.
- Die richtigen Nahrungsmittel: Getreide, Nudeln und Reis enthalten Fett nur in Spuren.
- Mager-Variante: Greifen Sie bei Fleisch, Fisch, Milch, Käse, Jogurt und Wurst immer zu den mageren Sorten.
- Buttertrick: Streichen Sie Butter oder Margarine nur im weichen Zustand, und lassen Sie Toast vorher auskühlen, denn dann saugt er weniger Fett auf. Probie-

ren Sie es auch einmal mit kalorienarmem Mager-
quark statt Butter.

- Hausmacher-Müsli: Mixen Sie Ihr Müsli selbst. Fer-
tigmischungen enthalten oft viel Fett in Form von
Nüssen und Schokolade. Verwenden Sie bei Ihrer
Komposition Haferflocken, magere Milchprodukte
und Obst.

- Naschen erlaubt: Bonbons, Gummibärchen, Frucht-
eis, Mohrenköpfe und Salzstangen enthalten kaum
oder kein Fett. Wahre Kalorienbomben sind hingegen Kuchen, Torten, Eiscreme und Schokolade.

- Dosierbremse: Für Ölflaschen gibt es Tröpfchendo-
sierer, die verhindern, dass Niagarafälle an Öl-Kalo-
rien Ihren Salat ersticken.

- Fett abschneiden: Schneiden Sie das Fett von Fleisch
und Wurst weg, und lassen Sie Ihre Wurst an der
Fleischtheke so dünn schneiden, dass Sie durch sie
hindurchschauen können.

- Leichte Anmache: Bereiten Sie Ihr Salatdressing mit
Jogurt statt mit Öl.

- Saucen-Trick: Ersetzen Sie die Sahne in der Sauce
durch püriertes Gemüse, Dickmilch oder Sauerrahm.

- Panade ade: Panade ist ein wahrer Fettschwamm.
Kratzen Sie sie immer von Fleisch und Fisch. Zeigen
Sie allem aus der Fritteuse die kalte Schulter.

Nehmen Sie mit Ihrer Nahrung möglichst wenig Fett zu
sich. Eine Tagesration von 60 Gramm Fett ist für einen
Kopfarbeiter völlig ausreichend. Wählen Sie, wann
immer möglich, fettarme Produkte und drosseln Sie
Ihren Fettverbrauch beim Kochen sowie bei der Salat-
zubereitung.

3.2 Verbrennen Sie Fett mit Biostoffen

Neben der Fettvermeidung und der aktiven Fettverbrennung durch die richtige Bewegung gibt es eine weitere Möglichkeit, um Ihrem Körper und Ihrem Geist
Gutes zu tun: Fettverbrennung mit Hilfe von Biostoffen. Folgende Vitamine, Mineralstoffe und Aminosäuren lassen – besonders in Verbindung mit körperlicher
Tätigkeit – die Pfunde purzeln:

Vitamin C
Je weniger Vitamin C im Körper vorhanden ist, desto
weniger schlank machende Hormone kann er produzieren. Ungefähr fünf Gramm Vitamin C kann der Körper speichern, vor allem in der Nebenniere, wo die Anti-
Fett-Hormone produziert werden.
Deshalb empfehlen wir täglich drei Gramm Vitamin C,
um die Fettverbrennung anzukurbeln. Eine Überdosis
an Vitamin C kann übrigens nicht schaden, da der Über-
schuss einfach ausgeschieden wird.

L-Carnitin
Der Biostoff Carnitin, der sich vor allem in Muskel-
fleisch (sehr reich in Hammel und Lamm) befindet,
transportiert die langkettigen Fettsäuren in die Zellkraftwerke und trägt damit zur Verbrennung bei.
Leider produziert der Körper eine ausreichende Menge
an Carnitin nur dann, wenn ihm genügend Vitamin C,
Vitamin B6 und Eisen zur Verfügung stehen.
Mit einer zusätzlichen Einnahme von Carnitin, das Sie
in allen Apotheken erhalten, unterstützen Sie Ihren
Fettabbau.

Methionin

Diese schwefelhaltige Aminosäure ist Baustein des Muskeleiweißes, unterstützt also die Fettverbrennung im Muskel. Als Bestandteil von Carnitin hilft Methionin zusätzlich beim Transport der Fette in die Zellkraftwerke. Übergewichtige Menschen haben häufig zu wenig Methionin im Blut, was sich zusätzlich durch Müdigkeit und mangelnden Antrieb bemerkbar macht. (Vgl. auch Seite 39.)

Taurin

Der Fett schmelzende und aufputschende Eiweißstoff Taurin hilft der Hirnanhangdrüse, ihre Hormone zu bilden. Zu diesen gehört auch das so genannte Wachstumshormon HGH, der natürliche Fatburner. Je mehr Taurin sich in der Nahrung befindet, umso mehr Hormone kann die Hirnanhangdrüse produzieren. Der Schlankmacher Taurin steckt unter anderem in Krabben, Muscheln, Fleisch und Leber. (Vgl. auch Seite 39.)

Chrom

Das Spurenelement Chrom ist nicht nur beim Kohlenhydrat-Stoffwechsel von Bedeutung; es erhöht die Fettverbrennung im bewegten Muskel um das Vierfache.

Magnesium

Das Leistungsmineral Magnesium hat einen großen Anteil an der körperlichen und geistigen Leistungsfähigkeit. Es organisiert die Sauerstoffversorgung der Zellen und damit die Fettverbrennung. Durch Verwendung von Kunstdünger und durch sauren Regen sinkt der Anteil von Magnesium in der Nahrung. Um Ihren täglichen Bedarf an Magnesium (400 mg) allein über die Nahrung zu befriedigen, müssten Sie z. B. 1 Kilo Käse, 1,4 Kilo Kartoffeln, 11 Bananen oder 3 Tafeln Schokolade essen. Da dies Ihrer Figur mit Sicherheit schaden würde, empfehlen wir die zusätzliche Einnahme von 300 mg Magnesium pro Tag.

Den Fettabbau bremsen:
- Weißmehlprodukte (Mischbrot, Kuchen, Gebäck)
- Zucker und Süßigkeiten
- zuckerhaltige Getränke
- Alkohol.

 Sie können den Fettabbau unterstützen, indem Sie die richtigen Vitamine, Mineralstoffe und Aminosäuren zu sich nehmen. Diese fördern die Fettverbrennung in den Muskeln.

3.3 Leistungsfähig durch Eiweiß

Konzentrieren Sie sich in Zukunft auf die wichtigsten Bestandteile Ihrer täglichen Nahrung: Aminosäuren (Eiweiß) und Biokatalysatoren (Vitamine, Mineralien und Spurenelemente, vgl. auch Seite 42). Auf diese Weise können Sie über das Essverhalten Ihre persönliche Leistungsfähigkeit positiv steuern.

Eiweiß
Eiweiß ist der wertvollste Nahrungsbestandteil. Es ist dafür verantwortlich, dass Ihr Körper Hormone bilden kann, Ihr Immunsystem aktiv ist, Muskeln gebildet und

die Zellen repariert werden. Nur wenn Ihr Körper ausreichend mit Eiweiß versorgt ist, können alle Organe auch optimal funktionieren.

Jede einzelne aller 22 Aminosäuren benötigt Ihr Körper als Baustein für die Synthese körpereigener Substanzen. Die folgenden 10 Aminosäuren sind für Ihre Leistungsfähigkeit besonders wichtig. Der Körper kann sie nicht bzw. nur eingeschränkt produzieren, daher müssen Sie sie mit Ihrer Nahrung aufnehmen.

Die wichtigsten Aminosäuren
- *Methionin* ist die Schlüsselsubstanz für die Bildung von Körpereiweiß. Es ist Bestandteil von Carnitin, das Fett in die Zellkraftwerke transportiert. Schließlich ist Methionin wichtig für die Schlagkraft Ihres Immunsystems.
- *Taurin* verbessert die Fettverbrennung um das Vierfache. Zusätzlich entgiftet es die Leber (z. B. nach Alkoholkonsum), vermindert Koffein-Nebenwirkungen und beruhigt den Puls.
- *Leucin* fördert die muskuläre und körperliche Ausdauer.
- *Isoleucin* ist wichtig für die muskuläre Ausdauer und Ausgangsstoff für die Bildung von Nervenbotenstoffen im Gehirn.
- *Valin* stärkt das aktive Immunsystem.
- *Lysin* stimuliert das Wachstumshormon HGH – den natürlichen Jungbrunnen. Es beschleunigt die Fettverbrennung und stimuliert die Abwehr gegen Viren.
- *Phenylalanin* ist Ausgangsstoff für Glückshormone wie Noradrenalin, ACTH und Endorphine.

- *Histidin* wird zum Aufbau des roten Blutfarbstoffes benötigt. Je mehr vorhanden ist, desto leistungsfähiger sind Körper und Geist. Histidin reguliert das Zellwachstum und die Zellerneuerung.
- *Threonin* ist der Fitmacher. Es erweitert die Blutgefäße und erhöht die Sauerstoffzufuhr von Muskeln, Herz und Gehirn.

Tryptophan für gute Laune

Tryptophan ist der Grundstoff von Serotonin, dem Hormon, das ausgeglichen und glücklich macht. Tryptophan ist außerdem die Schlüsselsubstanz von Melatonin, das selig schlafen lässt und den Menschen jung hält. Bei der Serotonin-Bildung muss Tryptophan gegen Konkurrenz ankämpfen – sieben Aminosäuren verdrängen – was zur Folge hat, dass meist zu wenig Tryptophan in das Gehirn gelangt. Mit einem einfachen Trick können Sie dies umgehen:

Nehmen Sie eine Stunde nach einem eiweißreichen Essen etwas Süßes zu sich. Dadurch wird das Blutzucker-Hormon Insulin geweckt, das die sieben konkurrierenden Aminosäuren in Ihre Muskelzellen schickt. Damit ist Tryptophan konkurrenzlos, es kann in Ihr Gehirn strömen und Serotonin bilden.

Essen Sie also in Zukunft viel Eiweiß ohne Fett. Die nebenstehende Tabelle zeigt Ihnen eine Auswahl empfehlenswerter Nahrungsmittel.

Pflanzliches Eiweiß

Es ist sinnvoll, wenn Sie Ihren Eiweißbedarf zu einem guten Teil aus pflanzlicher Nahrung decken. Denn eine

Fisch	Fett %	Eiweiß %
Forelle	2,0	20,0
Garnele	1,8	18,0
Heilbutt	2,0	20,0
Kabeljau, Seelachs	0,3	17,0
Schellfisch	0,3	17,0
Steinbeißer	4,4	22,0
Rotbarsch	3,6	18,0
Fleisch		
Geflügel	6,0	20,0
Kalbsfilet	1,0	21,0
Rind, Keule	8,0	20,0
Tartar	4,0	20,0
Wild	3,0	21,0
Milchprodukte		
Buttermilch	0,6	3,3
Magerjogurt	0,3	4,0
Magermilch	0,3	3,3
Hüttenkäse	2,0	14,4
Pflanzen		
Bohnen, weiß	2,0	22,0
Linsen	1,0	23,0

Eiweißreiche Nahrungsmittel mit wenig Fett

gesunde Mischkost mit vielen pflanzlichen Anteilen verbessert die Säurebildung im Magensaft und damit die Eiweißverwertung.

Wenn Sie Ihren Hormonhaushalt zusätzlich mit Eiweiß versorgen möchten, können Sie in der Apotheke Eiweißpulver mit allen essenziellen Aminosäuren erhalten.

Eiweiß ist ein wichtiger Nahrungsbestandteil. Er hilft Ihrem Körper, Hormone zu bilden und die Funktionsfähigkeit der Organe aufrecht zu erhalten. Bevorzugen Sie fettarmes Eiweiß und nehmen Sie es auch in pflanzlicher Form zu sich. Eiweiß ist nicht gleich Fleisch. Eiweiß bedeutet für Milliarden Mitmenschen Reis, Hirse, Bohnen, Linsen etc.

3.4 Biostoffe – Grundlage für Vitalität

Vitamine erwecken Ihren Stoffwechsel zum Leben. Je mehr Vitamine Sie Ihrem Körper zuführen, umso frischer und vitaler sind Sie. Sorgen Sie daher für eine ausreichende Versorgung mit Vitaminen.

Vitamin-Tipps
- Trinken Sie frisch gepresste Obst- oder Gemüsesäfte.
- Kaufen Sie Salat, Rohkost oder Gemüse im Bioladen oder beim Biobauern.
- Lagern Sie nur kurz und zerkleinern Sie erst unmittelbar vor dem Kochen oder Verzehr.
- Vitamine werden durch Hitze, Luft, Licht und Säure leicht zerstört. Beim Kochen von Gemüse, Braten von Fleisch und Backen von Brot werden bis zu 85 Prozent der enthaltenen Vitamine zerstört. In Fertigkost sind nur noch rund 60 Prozent der ursprünglichen Vitamine enthalten, wovon weitere 35 Prozent beim Kochen zerstört werden.
- Verwenden Sie nur kaltgepresste Pflanzenöle, denn diese sind reich an Vitamin E.

- Gehen Sie täglich eine halbe Stunde an die Sonne oder an helles Tageslicht. Durch die Einwirkung von UV-Strahlen wird Vitamin D in Ihrem Körper gebildet.

Aus der langen Liste aller wichtigen Vitamine möchten wir Vitamin C und Vitamin E herausgreifen und ihre Wirksamkeit etwas genauer erläutern.

Vitamin C

Vitamin C ist wichtig für den Immunschutz, die Hormonproduktion, das Bindegewebe und die Wundheilung. Vitamin C ist in Früchten und in Gemüse enthalten. Je mehr Vitamin C Sie zu sich nehmen, desto stärker sind Ihre Abwehrkräfte.

Ein einstündiger leidenschaftlicher Konflikt oder ein Gefühlsausbruch entzieht Ihrem Stoffwechsel rund 300 Milligramm Vitamin C – das Vierfache dessen, was die Deutsche Gesellschaft für Ernährung als Tagesbedarf empfiehlt. Mit jeder Stresssituation rauben Sie Ihrem Immunsystem das wichtige Vitamin C. Versorgen Sie sich daher gerade im beruflichen Alltag mit Vitamin C.

Vitamin E

Dieses Vitamin verhindert, dass LDL-Cholesterin an Ihren Gefäßwänden andockt, die Adern verstopft und so zu Gedächtnisschwäche oder Herzinfarkt führen kann. Eine englische Studie beweist, dass 76 Prozent aller Herzinfarkte durch Vitamin E verhindert werden könnten. Auch für Menschen mit einem hohen Cholesterinspiegel ist Vitamin E sehr zu empfehlen.

Mineralien und Spurenelemente

Diese Stoffe sind für die Körperzellen genauso wichtig wie Vitamine. Die sieben wichtigsten Mineralien Natrium, Kalzium, Kalium, Chlor, Magnesium, Phosphor und Schwefel kommen im menschlichen Körper in größerer Konzentration vor und machen insgesamt rund vier Prozent des gesamten Körpergewichts aus.

Unter den insgesamt 46 bekannten Mineralstoffen befinden sich im Körper noch 14 Spurenelemente. Sie kommen allerdings in äußerst geringen Mengen vor und würden zusammen in einen Fingerhut passen. Vom Spurenelement Chrom benötigt der Mensch z. B. täglich nicht mehr als ein zehntausendstel Gramm. Diese geringe Menge aber ist überlebensnotwendig.

 Vitamine, Mineralien und Spurenelemente sind wichtige Bausteine Ihrer Nahrung, die Ihre persönliche Leistungsfähigkeit entscheidend beeinflussen. Sorgen Sie dafür, dass diese „Diamanten" ausreichend in Ihrer täglichen Nahrung vorhanden sind.

3.5   Die sinnvolle Nahrungsergänzung

Warum in die Apotheke gehen, wenn doch alles in der Natur vorkommt und somit in der Nahrung steckt? Steckte – muss man wohl sagen, denn Monokulturen haben mit der Zeit die Ackerböden so ausgelaugt, dass Pflanzen und Tieren kaum noch Mineralstoffe und Spurenelemente aufnehmen können. Somit liefert die Nahrung auch dem Menschen nicht die aureichende Menge.

Tagesaufnahme an Spurenelementen
Die folgende Grafik verdeutlicht den Tagesbedarf und
die tägliche Aufnahme von Spurenelementen:

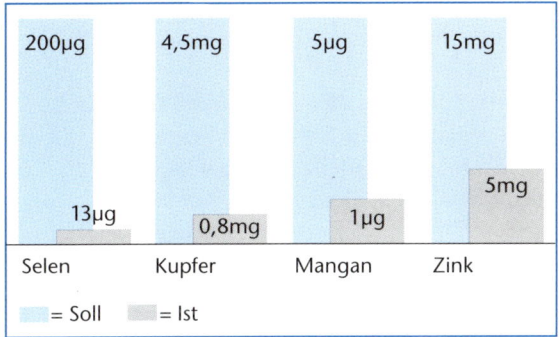

Risikofaktor Umweltgifte
Pflanzen und Tiere werden mittlerweile so hochge-
züchtet, dass sie kaum noch Zeit haben, die wenigen
Biostoffe aus dem Boden bzw. aus der Nahrung aufzu-
nehmen. Hinzu kommen immer größere Mengen von
Dioxin, Quecksilber, Benzol, Blei und PCB in unserer
Nahrung. Diese Umweltgifte lösen sich in Fett und
nisten sich so im menschlichen Fettgewebe ein.

Wenn Sie versuchen wollten, Ihre leeren Biostoff-Spei-
cher gezielt wieder über gekonnte Ernährung aufzufül-
len, würden Sie etliche Jahre benötigen. Deshalb empfehlen wir, nach einer detaillierten Untersuchung des
Blutbildes die fehlenden Stoffe in einer Apotheke zu
besorgen.

Individuell ergänzen

Eine sinnvolle Nahrungsergänzung ist somit individuell
zu gestalten. Was Sie in welcher Menge zu sich nehmen
sollten, hängt von Ihrem persönlichen Biostoff-Haushalt ab. Eine kleine Auswahl sinnvoller Ergänzungsstoffe möchten wir Ihnen aber dennoch vorstellen:

Vitamin C und E – Ihre persönlichen Schutzschilde

Ohne Vitamin C ist Ihr Körper empfänglich für alle
negativen Umwelteinflüsse. Sorgen Sie daher für eine
ausreichende Versorgung mit Vitamin C. Zusätzlich
kurbeln Sie dadurch Ihre Fettverbrennung an.
Mit Vitamin E schützen Sie Ihr Herz und Ihr Gehirn.
Cholesterin kann so nicht an Ihre Gefäßwände
andocken und die Adern verstopfen.

> Empfehlung für die tägliche Dosis:
> - 3 Gramm Vitamin C
> - 0,4 bis 1 Gramm Vitamin E, je nach Höhe des
>   Cholesterinspiegels

Zink und Selen – die wertvollen Spurenelemente

Nahezu alle Menschen haben zu wenig Zink und Selen
im Blut. Zink ist neuerdings das „Modemineral" in der
Sportlerszene. Es hilft beim Aufbau von Körpereiweiß
und ist wichtig zur Bildung von Testosteron, dem Hormon für innere Kraft und Antrieb.

Selen benötigen Sie zum Schutz Ihrer Zellen, z. B. vor
Krebs. Wenn Sie einen hohen Selenspiegel haben, fühlen
Sie sich wesentlich leistungsfähiger.

Empfehlung für die tägliche Dosis:
- 15 Milligramm Zink
- 200 Mikrogramm Selen
am besten in einem guten Spurenelement-Cocktail

Magnesium – das Leistungsmineral

Das „Salz der inneren Ruhe" sorgt für funktionierende
Muskeln und Nerven und regelt die Sauerstoffversorgung der Zellen. Haben Sie zu wenig Magnesium im
Körper, können Sie sich nicht konzentrieren, sind ständig müde und wenig leistungsfähig.

Empfehlung für die tägliche Dosis:
300 bis 600 Milligramm Magnesiumcitrat

Und: Trinken Sie Mineralwasser mit einem hohen
Gehalt an Kalzium und Magnesium – am besten täglich
drei Liter. Auch schwarzer oder grüner Tee sind erlaubt.

*Mit der richtigen Ernährung können Sie viel für Ihre
körperliche und geistige Leistungsfähigkeit tun.*
- *Meiden Sie vor allem Fett. Essen Sie fettarm und
  nehmen Sie die richtigen Biostoffe zu sich, die den
  Fettabbau fördern (z. B. Vitamin C).*
- *Eiweiß ist ein wichtiger Bestandteil Ihrer Nahrung.
  Bevorzugen Sie hier fettarme Varianten und achten Sie darauf, tierisches und pflanzliches Eiweiß
  zu sich zu nehmen.*
- *Auch Vitamine, Mineralien und Spurenelemente
  sind wichtig für Ihre Leistungsfähigkeit.*

Fett-Tabelle

Fett in Gramm-Angaben pro 100 Gramm Lebensmittel

		Milch-produkte	Käse	Süßes und Desserts
Mager		entrahmte Milch (0,1 g)	Hüttenkäse (3 g)	Zitronen-sorbet (0,1 g)
		Buttermilch (0,5 g)	Schichtkäse mit 10 % (2 g)	Rote Grütze (0,1 g)
		Magerjogurt (0,3 g)	Magerquark (0,3 g)	Geleefrüchte (0,2 g)
		Molke (0,2 g)	Harzer Käse (0,7 g)	Lakritze (0,9 g)
		Kefir, fettarm (1,5 g)	Kochkäse mit 10 % (3 g)	Marshmallows (0 g)
				Gummibärchen (0 g)
				Mohrenkopf (0,2 g)
Fett		Sahnejogurt (10 g)	Mascarpone (48 g)	Sahne-Eis (17 g)
		Schmant (10 g)	Bavaria Blue mit 70 % (40 g)	Mousse au Chocolat (16 g)
		süße Sahne (32 g)	Cambozola mit 70 % (40 g)	Müsliriegel (19 g)
		Crème fraîche (30 g)	Edelpilzkäse mit 60 % (39 g)	Schokolade (30 g)
		Crème double (40 g)		

	Fisch	Fleisch	Wurst und Fleischwaren
Mager	Flunder (0,7 g)	Hühnerbrust (6 g)	Roastbeef (5 g)
	Kabeljau (0,6 g)	Putenbrust (1 g)	Geflügelwurst (5 g)
	Schellfisch (0,6 g)	Lammfilet (3 g)	Schinken ohne Fettrand (3 g)
	Krebs (0,5 g)	Kalbsschnitzel (2 g)	Gemüse-Puten-wurst (4 g)
	Barsch (0,8 g)	Rinderfilet (4 g)	
	Zander (0,7 g)	Tartar (3 g)	
		Schweinefilet (2 g)	
		Rehrücken (2 g)	
Fett	Hering (18 g)	Gans (31 g)	Salami (33 g)
	Makrele (12 g)	Lammkotelett (32 g)	Mettwurst (37 g)
	Aal (25 g)	Bauchfleisch (21 g)	Mortadella (33 g)
	Lachs (14 g)	Rückenspeck (83 g)	grobe Leber-wurst (29 g)
	Tunfisch in Öl (21 g)	Schweineschulter (23 g)	Blutwurst (29 g)
		Rinderhack (14 g)	

4. Machen Sie sich mental fit

*Wissen Sie, dass Sie nur
10 Prozent Ihres Tuns und Handelns
bewusst steuern?* Seite 51

*Kennen Sie mentale Motivations-
techniken?* Seite 51

*Woher nehmen Sie die Kraft,
um auch in schwierigen
Situationen an Ihren Erfolg zu
glauben?* Seite 55

Die folgende Grafik zeigt es: Der Mensch steuert nur 10 Prozent seines täglichen Handelns bewusst; der Rest läuft also unbewusst ab.

Ihr Unterbewusstsein ist an all Ihren Entscheidungen maßgeblich beteiligt und somit für Erfolg und Misserfolg zu einem großen Teil verantwortlich. Deshalb stellen wir Ihnen nun einige wirkungsvolle Techniken vor, mit deren Hilfe Sie Ihr Unterbewusstsein positiv beeinflussen können. Auf diese Weise können Sie negativen Stress abbauen, Ihre Motivation steigern und zu Höchstleistungen im Beruf auflaufen.

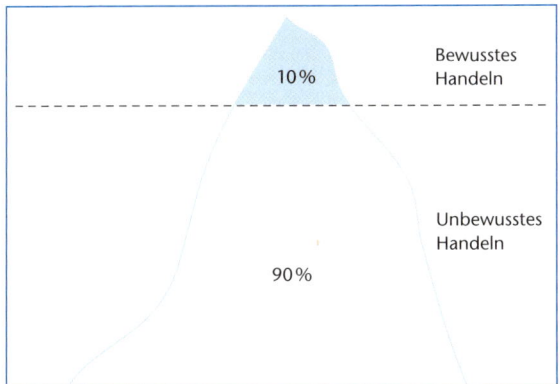

Anteile bewussten und unbewussten Handelns

4.1 Mentale Motivationstechniken

Eine Studie der Harvard Universität ergab, dass ein Mensch bis zum 18. Lebensjahr etwa 150.000 negative

Suggestionen verarbeiten muss. Mit steigender Tendenz, denn gerade die Medien programmieren uns durch Katastrophen- und Horrornachrichten täglich negativ. All diese negativen Gedanken wandern in Ihr Unterbewusstsein, beeinflussen Ihr Denken und Handeln und bremsen Ihren Antrieb. Deshalb ist es wichtig, diesen Einflüssen Positives entgegenzusetzen. Im Folgenden stellen wir dazu einige mentale Motivationstechniken vor, die Ihnen helfen können, die Kraft Ihres Unterbewusstseins positiv zu nutzen.

Autosuggestionen formulieren
Die Technik der Autosuggestion bedient sich einer positiven Selbstbeeinflussung. Das Unterbewusstsein wird durch Sätze und Gedanken positiv „programmiert", um für Problemlösungen wichtige positive Energie freizusetzen. Diese Technik ist einfach und funktioniert folgendermaßen:

Schritt 1
Finden Sie einen selbststärkenden Satz – einen Kraftsatz (z. B. „Ich schaffe es" oder „Ich bin selbstsicher") oder einen konkreten Motivationssatz (z. B. „Ich schaffe die Aufgabe XY mit Leichtigkeit" oder „Ich halte meine Rede ruhig und gelassen").
Schreiben Sie diesen Satz auf ein Blatt Papier. Achten Sie bei der Formulierung darauf, dass Sie
• die Ichform wählen
• ausschließlich positiv formulieren (vermeiden Sie Wörter wie z. B. „nicht", „kein", „Angst" etc.)
• Ihren Satz in der Gegenwart verankern (also keine Vorhaben formulieren, z. B. „Ich werde ...").

Schritt 2
Wiederholen Sie diesen Satz so oft wie möglich. Sprechen Sie ihn sich immer wieder laut vor. Am besten ist es, positive Suggestionen im entspannten Zustand an das Unterbewusstsein zu senden, da das Tor dorthin im Moment vollkommener Entspannung weit offen ist. Nach einiger Zeit haben sich solche Sätze dort „festgesetzt". Sie haben das Ziel der positiven Selbstbeeinflussung erreicht.

Negative Einstellungen auflösen
Sie können mit Hilfe dieser Technik auch negative Gedanken „umprogrammieren". Gehen Sie dabei folgendermaßen vor:

Schritt 1
Schreiben Sie zuerst Ihren negativen und demotivierenden Gedanken auf, z. B: „Ich kann wichtige Dinge niemals erfolgreich zu Ende bringen."

Schritt 2
Ersetzen Sie die negative Formulierung durch eine positive und schreiben Sie diese auf ein neues Blatt Papier, z. B: „Ich bringe wichtige Dinge erfolgreich zu Ende."

Schritt 3
Sagen Sie sich Ihren selbststärkenden und motivierenden Satz so oft wie möglich vor, bis er den negativen, demotivierenden Satz verdrängt hat.

Positives Denken ist natürlich kein Allheilmittel, es hilft aber, an Problemstellungen zuversichtlich heranzugehen. Auf diese Weise wird wesentlich mehr positive Energie zur Erledigung der Aufgabe freigesetzt. Die Chance, erfolgreich zu sein, wächst also erheblich.

Positive Gefühle ankern

Folgende Übung eignet sich hervorragend, um in entscheidenden Situationen alle positiven Kräfte zu mobilisieren. Das Beispiel zeigt Ihnen konkret, wie Sie mit der negativen „Ich kann Wichtiges nicht zu Ende bringen"-Einstellung umgehen.

Schritt 1

Erinnern Sie sich an eine Situation, in der Sie besonders motiviert waren und eine Sache erfolgreich zu Ende gebracht haben.

Schritt 2

Versetzen Sie Ihren Körper und Ihren Geist ganz intensiv in diese positive Situation. Vollziehen Sie das Erlebnis noch einmal gedanklich vor Ihrem inneren Auge nach und spüren Sie den Erfolg wie damals. Während Sie die vergangene Situation intensiv nacherleben, stellen Sie sich folgende Fragen:

• Was sehe ich?
• Was höre ich?
• Was fühle ich?
• Was denke ich?

Schritt 3

Finden Sie eine bestimmte Haltung, Gestik oder Mimik, die diese Erfolgssituation symbolisiert (wie z. B. die legendäre „Becker-Faust").

Schritt 4
Denken Sie sich zusätzlich ein Wort oder einen kurzen
Ausspruch für Ihre Erfolgssituation aus. Sprechen Sie
Ihre „Zauberformel" laut und bestimmt, während Sie
dazu Ihre Erfolgshaltung (vgl. Schritt 3) einnehmen.

Schritt 5
Wiederholen Sie diesen Vorgang zehnmal. Denken Sie
immer wieder an Ihre Erfolgssituation und ankern Sie
diese in Ihrer Körpersprache.

Jedes Mal, wenn Sie mutlos sind, können Sie sich diese
positive Situation und die damit verbundene Motivation
zunutze machen. Nehmen Sie einfach die Körperhal-
tung ein, die Sie durch das Ankern untrennbar mit dem
Erfolgserlebnis verbunden haben.

Die richtige Einstellung bereitet den Boden für Höchst-
leistungen. Programmieren Sie Ihr Unterbewusstsein
auf Erfolg, indem Sie positive Ergebnisse gedanklich
vorwegnehmen. Tilgen Sie negative Gedanken und
Zweifel.

4.2   An den Erfolg glauben

Lächeln Sie! Mit der folgenden Lächelübung wird es
Ihnen ganz leicht fallen, positive Energie freizusetzen.
Stellen Sie sich vor einen Spiegel und beginnen Sie
extrem zu lächeln. Halten Sie Ihre lächelnde Mimik
zwei Minuten, so dass Ihre Mundwinkel fast zu schmerzen beginnen. Durch das Heben der Mundwinkel

drückt ein Muskel in jeder Wange auf einen Nerv, der Ihrem Gehirn signalisiert, Glückshormone auszuschütten. Somit steigt Ihre Stimmung. Außerdem ist diese Übung so albern, dass Sie meist schon allein deshalb zu lachen beginnen.

Sollten Sie sich also einmal nicht so gut fühlen oder sich über einen anderen Menschen ärgern, dann machen Sie eine Lächelübung – die Welt wird gleich viel rosiger aussehen!

Den Erfolg vorwegnehmen

Sehr erfolgreiche Sportlerinnen und Sportler setzen folgende Mentalstrategie ein: Vor dem Wettkampf durchlaufen sie im Geiste die einzelnen Stationen und sind schließlich gedanklich bereits als Sieger im Ziel. Ihr plastisches Zielfoto spornt Sie zu Höchstleistungen an.

Hubert Schwarz radelte 1996 in 80 Tagen um die Welt und legte dabei eine Strecke von über 21.000 Kilometer zurück. Viele Kilometer davon kämpfte er gegen starken Wind und andere Kraft raubende Widrigkeiten. Ohne mentale Kraft hätte er niemals sein Ziel erreicht. Doch ständig sein Zielfoto vor Augen, konnte er sich Tag für Tag trotz körperlicher Anstrengungen und Schmerzen immer wieder aufs Neue motivieren. Kurz vor Abschluss seiner 80-Tage-Tour formulierte Hubert Schwarz seine mentale Einstellung folgendermaßen: „Der Geist ist schon im Ziel, nur der Körper hat noch Verspätung."

Auch Sie können diese Mentaltechnik erfolgreich einsetzen. Versetzen Sie sich schon während Ihrer Vorhaben in die Rolle des Siegers, der sein Ziel bereits erreicht hat. Wenn Sie Ihr Zielfoto klar vor Augen haben, können Sie schon während des Weges das Gefühl des Erfolgs genießen.

Gedanken umdrehen

Oft sind es äußere Umstände, die das Gelingen eines Vorhabens gefährden können. Trotz exakter Planung, richtiger Durchführung und hoher Eigenmotivation gibt es immer wieder unvorhersehbare Dinge, die den Erfolg in Frage stellen können. Fragen Sie sich in solchen schwierigen Situationen:

- Hätte es nicht schlimmer kommen können?
- Was kann ich aus meiner momentanen Situation für die Zukunft lernen?
- Was kann ich jetzt konkret tun, um an mein Ziel zu gelangen?

So hat Hubert Schwarz auf seiner 80-Tage-Tour, während der er gegen den Wind fuhr, gedacht: „Es ist zwar eine einzige Quälerei, gegen den Wind zu fahren, aber es könnte ja noch zusätzlich regnen." Mit dieser Einstellung hat er sein Problem im Kopf „kleiner" gemacht und so neue Kraft und Motivation gewonnen.

Wir neigen ohnehin dazu, selbst kleinere Probleme zu dramatisieren. Nur ein geringer Prozentsatz dieser „Probleme" stellt sich letztendlich als wirklich problematisch heraus.
Schon das Wort „Problem" setzt negative Energien frei. Ersetzen Sie es deshalb grundsätzlich durch die Begriffe „Möglichkeit" oder „Herausforderung".

Finden Sie Ihr großes Ziel

Der bekannte ungarisch-amerikanische Psychologe Mihaly Csikszentmihalyi fand in seinen Studien heraus, was Menschen besonders glücklich macht: Fast alle befragten „glücklichen" Menschen gaben die Antwort, dass sie deshalb zufrieden seien, weil sie ein großes Ziel – eine Lebensvision – hätten. Von einer solchen Vorstellung geht positive Energie aus. Menschen, die ein großes Ziel deutlich vor Augen haben, bewältigen Schwierigkeiten auf dem Weg dorthin erstaunlich leicht.

Welche Vision haben Sie?

Nehmen Sie sich einmal Zeit, um in Ruhe über Ihr Lebenziel nachzudenken. Überlegen Sie, was Sie in 10, 20, 30 Jahren privat und beruflich erreicht haben wollen. Halten Sie diese Vision auf einem Blatt Papier fest. Ausgehend von diesem Lebensziel können Sie dann mittel- und kurzfristige Ziele für das Berufs- und Privatleben definieren – schriftlich! Eine solche Vorgehensweise setzt übrigens eine Menge Kreativität frei – Sie aktivieren sowohl Ihre rationale linke als auch die phantasievolle rechte Gehirnhälfte.

 Nur 10 Prozent Ihres Tuns und Handelns steuern Sie bewusst. Ihr Unterbewusstsein entscheidet also zu 90 Prozent über Ihren Erfolg oder Misserfolg. Mit Hilfe von mentalen Motivationstechniken können Sie Ihr Unterbewusstsein positiv beeinflussen. Halten Sie sich Ihr persönliches Ziel immer – täglich! – deutlich vor Augen; es wird Ihnen die Kraft geben, um Schwierigkeiten zu bewältigen.

4.3 Ruhe bewahren und Stress verhindern

Immer wenn Sie unter Stress stehen oder Ärger verspüren, befindet sich Adrenalin in Ihrem Körper. Dieses Stresshormon schlägt Kerben in die Adern und macht die Gefäße porös, was zur Folge hat, dass sich Fett und Kalk ablagern und der Mensch empfänglich wird für einen Herzinfarkt oder einen Schlaganfall.

Weniger Adrenalin – weniger Stress
Adrenalin wird in der Nebenniere gebildet und in Stresssituationen ausgeschüttet. Die folgenden Techniken können Ihnen helfen, Ihren Körper in einen adrenalinfreien, einen angenehm ruhigen und entspannten Zustand zu versetzen, um den ganzen Arbeitstag souverän und stressfrei zu agieren.

Die richtige Atmung
Die einfachste Methode, um negativen Stress zu vermeiden, ist die richtige Atmung. Im völlig ruhigen und entspannten Zustand atmet der Mensch in einer Minute etwa viermal ein und aus. In Stresssituationen wird die Frequenz erheblich erhöht, Ihr Körper steht dann unter Strom, und Sie verfallen in Hektik.

In solchen Situationen ist es wichtig, rechtzeitig wieder die innere Ruhe und klare Gedanken zu finden. Sollte sich bei Ihnen in Zukunft das Gefühl von negativem Stress ankündigen, dann machen Sie folgende Atemübung:

- Setzen oder legen Sie sich bequem hin und lassen Sie Ihre Schultern locker und entspannt herunterhängen. Atmen Sie einige Male ein und aus, bis Sie ruhig und bereit für die eigentliche Atemübung sind.
- Atmen Sie nun ruhig durch die Nase ein. Brust und Oberkörper dürfen sich dabei nicht verspannen.
- Während Sie einatmen, zählen Sie langsam in Gedanken 1-2-3. Nun halten Sie die Luft kurz an, während Sie 4-5 weiterzählen.
- Dann atmen Sie langsam die Luft durch den Mund aus und zählen dabei rückwärts von 5 bis 1. Ist die Phase des Ausatmens länger als die des Einatmens, führt dies zu einer Beruhigung, im umgekehrten Fall trägt die Atemübung zur Aktivierung bei.
- Legen Sie nach dem Ausatmen eine kurze Pause ein, bevor Sie wieder neu mit dem Einatmen beginnen.
- Wiederholen Sie das Ein- und Ausatmen mehrere Male, bis Sie sich entspannt und ruhig (bzw. beim kürzeren Ausatmen aktiver) fühlen.

Muskelentspannung

Eine andere wirkungsvolle Technik ist die progressive Muskelrelaxation. Die Konzentration auf den eigenen Körper und der gezielte Wechsel von Anspannung und Entspannung einzelner Muskelgruppen führen zu einer Gesamtentspannung des Körpers. Die Muskelentspannung sollte durch die oben beschriebene Atemtechnik unterstützt werden: Einatmen während der Muskelanspannung – kurzes Anhalten der Luft und Halten der Spannung – Ausatmen, während die Muskelspannung wieder gelöst wird – ruhiges Ein- und Ausatmen vor der erneuten Muskelanspannung. Bei der progressiven Muskelrelaxation können Sie Ihren ganzen Körper einbeziehen. Führen Sie die Übung am besten im Liegen durch:

- Atmen Sie zunächst einige Male ruhig ein und aus.
- Ballen Sie nun die Finger Ihrer rechten Hand zu einer Faust, so dass der Druck immer fester wird. Stellen Sie sich dabei vor, dass Sie Wasser aus einem Stein pressen möchten. Der Druck wird immer härter und härter und breitet sich über den Unterarm, das Ellenbogengelenk bis in den Oberarm aus.
- Halten Sie nun die Spannung einen kurzen Moment und versuchen Sie diese ganz intensiv zu spüren.
- Und nun entspannen Sie wieder. Sie merken, wie der Druck nachlässt und die Spannung aus Ihrem Arm herausfließt. Atmen Sie ruhig ein und aus.
- Unternehmen Sie diese Übung anschließend mit Ihrer linken Hand und dann mit beiden Händen.

In ähnlicher Weise durchläuft nun diese Übung den gesamten Körper: Brust, Bauch, Po, Beine und Füße. Auch die Gesichtsmuskulatur kann auf diese Weise mit in die Übung einbezogen werden.
Zum Abschluss spannen Sie Ihren gesamten Körper an, halten die Spannung und entspannen dann wieder. Genießen Sie das Gefühl der Entspannung.

Phantasiereisen unternehmen
Bei einer Phantasiereise reisen Sie gedanklich an einen anderen Ort, an dem Sie Ruhe und Kraft finden. Mittlerweile gibt es unzählige Hörkassetten mit solchen

meditativen Reisen. Meist beschreibt ein Sprecher die verschiedenen Stationen einer Phantasiereise; seine Worte sind mit ruhiger Musik (etwa 60 Schläge pro Minute – entsprechend einer ruhigen Herzfrequenz) unterlegt. Sie können jederzeit auch Ihre eigene Phantasiereise, ohne äußere Unterstützung, erleben, wenngleich das vielen Menschen etwas schwerer fällt. Machen Sie es sich dazu bequem und legen Sie ruhige, entspannende Musik auf, die Ihnen gefällt.

Ziel der *Hinführung* ist es, langsam aus dem Hier und Jetzt des Raumes in die Phantasiewelt zu gelangen. Schließen Sie die Augen. Konzentrieren Sie sich nun auf Ihre Atmung und atmen dabei – wie oben beschrieben – langsam tief ein und aus. Spüren Sie, wie mit jedem Ausatmen die Spannung von Ihnen abfällt und wie Sie mit jedem Einatmen neue Kraft aufnehmen. Eine richtige Hinführung ist Übungssache. Finden Sie Ihr persönliches Einstiegsritual, das Sie bei jeder Phantasiereise einsetzen.

Die darauf folgende *eigentliche Phantasiereise* können Sie beliebig variieren. Je nachdem, welchen Ort der Ruhe und Kraft Sie sich für den Tag wünschen, wählen Sie Ihr „Reiseziel" entsprechend. Erleben Sie Ihre Reise mit allen Sinnen. Fragen Sie sich auf Ihrer Reise:
• Was sehe ich?
• Was höre ich?
• Was fühle ich?
• Was rieche und schmecke ich?

Sie können übrigens auch eine Reise zu einem von Ihnen gewollten Ziel unternehmen, um so den Erfolg bereits gedanklich vorwegzunehmen. Damit hätten Sie eine schöne Kombination unserer mentalen Motivationstechnik „Den Erfolg vorwegnehmen" (vgl. Seite 56) und einer entspannenden Reise in Ihre Phantasiewelt.

Abschließend müssen Sie langsam wieder in das Hier und Jetzt zurückkehren *(Rückholung)*. Verabschieden Sie sich von Ihrem Ort der Ruhe und kommen Sie zurück in die Gegenwart. Richten Sie Ihre Aufmerksamkeit wieder auf Ihren Körper, recken und strecken Sie sich, gähnen Sie laut und öffnen Sie wieder die Augen.

Vorteile

Nehmen Sie sich täglich – wirklich täglich! – zehn Minuten Zeit für eine Phantasiereise an einen Ort, der Ihnen Ruhe und Kraft gibt. Eine solche Reise bringt Ihnen viele Vorteile:

• Sie fühlen sich anschließend ruhig und entspannt.
• Sie tanken Kraft für die Bewältigung Ihrer Ziele.
• Sie bündeln Ihre Konzentration.
• Sie schärfen Ihre Sinne.
• Sie sind gelassener.

In entscheidenden Momenten die Ruhe zu finden, um danach wieder konzentrierter ans Werk zu gehen, ist keine Kunst, sondern eine Sache der richtigen Mentaltechnik. Mit der richtigen Atmung, einer Muskelentspannung oder einer Phantasiereise können Sie innerlich ruhiger und entspannter werden. Mit ein wenig Übung werden Sie zu einem Menschen, der den Überblick bewahrt und den nichts aus der Ruhe bringen kann.

4.4 Ausatmen und Schultern fallen lassen

Immer wenn Sie erschrecken oder unter Druck geraten, atmen Sie tief ein und spannen die Nacken- und Schultermuskulatur an. Dies ist ein Reflex, der tief verwurzelt ist. Wenn Sie den ganzen Tag immer ein bisschen mehr ein- als ausatmen, dann steigt Ihr pH-Wert im Blut, und Ihr Kalziumspiegel fällt. Dies greift Ihr Nervenkostüm an und hat zur Folge, dass Sie immer nervöser, empfindlicher und weniger belastbar werden. Ihr Körper reagiert schließlich mit Schlafstörungen, innerer Unruhe, Migräne, Herzstichen, Magenkrämpfen und Muskelverspannung.

Durch das Anspannen Ihrer Nacken- und Schultermuskulatur werden die Blutgefäße abgedrückt, die Muskeln bekommen keinen Sauerstoff mehr und werden hart – das Schicksal jedes gestressten Kopfarbeiters. Der Milchsäureanteil in Ihrem Blut steigt an, und Sie werden müde. Schon nachmittags 15 Uhr am Schreibtisch.

Loslassen
Machen Sie es umgekehrt: Atmen Sie in solchen Situationen aus und lassen Sie die Schultern fallen! Versuchen Sie Ihre Reflexreaktion umzuprogrammieren. Dies geht nur über das Bewusstmachen Ihrer körperlichen Reaktionen. Schreiben Sie auf mehrere Karteikarten groß und deutlich den folgenden Satz:

> AUSATMEN UND SCHULTERN FALLEN LASSEN!

Stress nicht zulassen

Überlegen Sie, was Ihre Hauptstressoren sind, z. B. Auto, Telefon oder Schreibtisch. Kleben Sie an jeden dieser Orte deutlich sichtbar eine Karteikarte. Jedes Mal wenn Sie einen Anflug von Druck, Ärger oder Stress verspüren, dann schauen Sie auf die Karte, atmen tief aus und lassen die Schultern fallen. Die positiven Folgen dieser Technik sind:

1. Durch das Ausatmen steigt Ihr Kalziumspiegel.
2. Durch das Fallenlassen der Schultern entspannt sich Ihr Körper.

Nach einigen Wochen Übung haben Sie einen neuen Reflex „programmiert" und werden auf diese Weise stressresistenter.

Ihre Leistungsfähigkeit hängt unmittelbar mit Ihrer mentalen Verfassung zusammen. Sind Sie „gut drauf", dann arbeiten Sie wesentlich motivierter und konzentrierter. Von Ihrem Unterbewusstsein geht positive Energie aus, die Sie beflügelt, begeistert und Ihre Kreativität weckt. Sie fühlen sich nicht nur leistungsfähiger und ausdauernder, sondern sind auch ausgeglichener.

- *Üben Sie mentale Entspannungstechniken wie Autosuggestionen oder Phantasiereisen.*
- *Nehmen Sie Ihren Erfolg gedanklich vorweg. Dadurch bekommen Sie die Kraft, auch in schwierigen Situationen durchzuhalten – und Höchstleistungen zu erbringen!*

Wohin wollen Sie?

Haben Sie das ganze Buch gelesen? Dann besitzen Sie jetzt das nötige Wissen, um Ihre Leistungsfähigkeit positiv zu beeinflussen. Wenn Sie unsere einfachen Grundregeln befolgen, werden Sie nicht nur körperlich fit, Sie legen damit den Grundstein für viele berufliche Höchstleistungen. Auch Ihr Lebensgefühl wird positiver werden.

Mit der Umsetzung beginnen
Kreuzen Sie bitte jetzt an, welche Ziele für Sie vorrangig sind. Versuchen Sie nicht, alles besser zu machen – beginnen Sie mit einem Punkt, der Ihnen besonders wichtig ist. Haben Sie einmal mit der Umsetzung unserer Fitnesstipps begonnen, werden Höchstleistungen mit souveräner Leichtigkeit im Berufs- und Privatleben in greifbare Nähe rücken!

	Ja	Nein
Ich wünsche mir ...		
... mehr Zielstrebigkeit und Zielklarheit	☐	☐
... eine bessere Ausdauer, mehr Durchhaltevermögen	☐	☐
... körperliches Wohlbefinden	☐	☐
... weniger Körpergewicht	☐	☐
... die Fähigkeit, entspannen zu können	☐	☐

	Ja	Nein
... mehr Ausgeglichenheit und Gelassenheit	☐	☐
... viele kreative Einfälle	☐	☐
... einen gesünderen Lebensstil	☐	☐
... eine positivere Lebenseinstellung	☐	☐
... mehr Freizeit.	☐	☐

Finden Sie Ihre Fitness-Ziele

Zur Bestimmung Ihrer Fitnessziele benötigen Sie Ihre persönlichen medizinischen Ausgangswerte. Unterziehen Sie sich in den nächsten Tagen einem ausführlichen Leistungs-Check durch Ihren Arzt. Lassen Sie die wichtigsten Blutwerte bestimmen. Auf der Basis dieser Ausgangswerte können Sie dann Ihr individuelles Trainingsprogramm entwickeln. Sprechen Sie mit Ihrem Arzt über Ihr Vorhaben, damit er die Untersuchung auf die „richtigen" Werte konzentrieren kann. Wichtig ist, dass Ihre Trainingsfrequenz auf Basis des Laktatwertes errechnet wird. Bestimmen Sie zusätzlich Ihren Body-Mass-Index (BMI) und Ihren Körperfettanteil.

Auf der Grundlage dieser Werte und natürlich auch mit Hilfe Ihrer persönlichen Einschätzung können Sie Ihre Fitnessziele für das kommende halbe Jahr ableiten. Entwickeln Sie daraus konkrete Maßnahmen für die Bereiche:

1. Bewegung, z. B. täglich 30 Minuten joggen
2. Ernährung, z. B. weniger Fett, mehr Obst
3. Mentaltraining, z. B. ausatmen und Schultern fallen lassen.

Halten Sie Ihre Ziele am besten schriftlich fest. Auf Seite 70 finden Sie ein Beispiel, wie eine solche Aufstellung aussehen könnte.

Arbeiten Sie mit einem Planungssystem
Schließlich benötigen Sie noch das richtige Planungssystem, mit dessen Hilfe Sie Ihre Fitness-Ziele kontrollieren können. Geben Sie Ihren Fitness-Zielen in Ihrer Zeitplanung höchste (wirklich höchste) Priorität – Sie sollten täglich daran arbeiten, nicht nur dann, wenn Sie gerade eine freie Minute haben. Notieren Sie sich daher für jeden Tag konkrete Trainingszeiten.

Stellen Sie Ihren persönlichen Fitness-Plan auf. Tragen Sie Ihre Trainingszeiten in Ihren Tagesplan ein, falls Sie mit einem Zeitplansystem arbeiten. Kontrollieren Sie außerdem regelmäßig Ihre Blutwerte, den BMI und Ihren Körperfettanteil.

Stellen Sie ein Fitness-Barometer auf
Beurteilen Sie am Ende eines jeden Tages, wie dieser Tag für Sie gelaufen ist. Geben Sie jeweils eine Note
• für Ihre körperliche Verfassung und
• für Ihre mentale Verfassung.
Ermitteln Sie am Ende eines jeden Monats eine Durchschnittsnote. So können Sie von Monat zu Monat deutlich Veränderungen erkennen.

Kontrollieren Sie Ihre Erfolge

Um das Einhalten Ihrer Trainingsfrequenz während des Laufens ständig kontrollieren zu können, empfehlen wir Ihnen den Gebrauch einer Pulsuhr. Einfach zu bedienen und qualitativ hochwertig sind die Pulsuhren der Firma Polar. Ab ca. 100 DM sind diese Uhren im Fachhandel erhältlich.

Mit Hilfe einer Körperfett-Waage können Sie selbst Ihren Körperfettanteil überprüfen. Die Firma Tanita stellt gute und preisgünstige Waagen her, die im Fachhandel für ca. 200 DM erhältlich sind.

Besorgen Sie sich die richtige Nahrungsergänzung

Ihre leeren „Speicher" sollten Sie mit der richtigen Nahrungsergänzung auffüllen. Aminosäuren, Vitamine, Mineralien und Spurenelemente erhalten Sie in Reformhäusern und Apotheken. Zusätzlich gibt es auch Hersteller, die sich auf fertige „Cocktails" zur Deckung des täglichen Bedarfs spezialisieren, z. B. Vitalmind, Schweiz.

Beginnen Sie heute!

Nutzen Sie Ihre momentane Power, etwas verändern zu wollen. Vereinbaren Sie für die nächsten Tage einen Termin bei Ihrem Arzt, der Ihre momentane Leistungsfähigkeit messen soll. Auf dieser Ausgangsbasis können Sie Ihre persönlichen Fitness-Ziele entwickeln. Schreiben Sie schon heute Ihre ersten Ideen auf.

Meine Fitnessziele für _____ (Monat) bis _____ (Monat)

1.

2.

3.

Um meine Ziele zu erreichen, werde ich folgende Maßnahmen ergreifen:

Bewegung:

_____

_____

_____

Ernährung:

_____

_____

_____

Mentaltraining:

_____

_____

_____

Meine Fitnessziele für _____ (Monat) bis _____ (Monat)

1.

2.

3.

Um meine Ziele zu erreichen, werde ich folgende Maßnahmen ergreifen:

Bewegung:

_____

_____

_____

Ernährung:

_____

_____

_____

Mentaltraining:

_____

_____

_____

Nahrungsergänzung durch Biostoffe

Vitamine

Vitamin C:	etwa 3 g
Vitamin E:	0,5 g
Folsäure:	1 mg

Mineralstoffe

Magnesium:	300 – 600 mg

Spurenelemente

Jod:	150 µg
Selen:	200 µg
Zink:	15 mg
Chrom:	200 µg
Mangan:	5 µg

Empfohlene tägliche Dosierung von Vitaminen,
Mineralstoffen und Spurenelementen

Sieben Regeln für Höchstleistungen

1. Laufen Sie täglich 30 Minuten. Leicht, locker, lächelnd. Genießen Sie die Leichtigkeit des Seins, die neuen Ideen, die überraschenden Lösungen.

✳

2. Stretchen Sie. Dehnen Sie Ihre Muskeln. Werden Sie wieder geschmeidig wie ein Kind.

✳

3. Essen Sie Leben (z. B. Obst und rohes Gemüse). Trinken Sie Leben. Wenigstens die Hälfte Ihrer täglichen Kost sollte „lebendig" sein.

✳

4. Essen Sie Eiweiß. Mehr – und ohne Fett. Spüren Sie die wachsende Lebenskraft, die innere Energie, die Kreativität, das Jungbrunnen-Hormon, die Lebenslust.

✳

5. Glauben Sie nicht, messen Sie. Kontrollieren Sie regelmäßig Ihre Blutwerte.

✳

6. Atmen Sie aus. Atmen Sie langsamer, tiefer aus. Lassen Sie die Schultern fallen. Jetzt. Und gleich noch einmal und immer wieder.

✳

7. Entspannen Sie sich. Meditieren Sie, begeben Sie sich auf Phantasiereisen.

Weiterführende Veranstaltungen

Haben Sie Interesse an weiterführenden Seminaren, Vorträgen und gemeinsamen Event-Veranstaltungen? Dann können Sie sich mit den Autoren persönlich in Verbindung setzen:

„Kreativität und Höchstleistung"
Dr. med. Ulrich Th. Strunz
Vital Mind
Waldgasse 16
CH-3360 Herzogenbuchsee
Fon: 0041-(0)62-9 56 68 80
Fax: 0041-(0)62-9 56 68 89
www.vitalmind.net
www.drstrunz.de

„Power of mind"
Hubert Schwarz
Ungerthal 2 1/2
91186 Büchenbach
Fon: 0 91 22-93 07-0
Fax: 0 91 22-93 07-20
www.hubert-schwarz.com

Das Sportbüro Hubert Schwarz bietet insbesondere professionelle Unterstützung bei der Umsetzung der in diesem Buch genannten Tipps. Wer sich nicht selbst anleiten möchte oder kann, hat die Möglichkeit, durch das Sportbüro geführt zu werden.

„PersönlichkeitsEnergie"
Dirk Konnertz
Eduard-Bayerlein-Straße 5
95445 Bayreuth
Fon: 0921-809-0
Fax: 0921-809-34

Weiterführende Literatur

Bücher:

- Strunz, Ulrich: Schlank und fit für immer. Vitalmind. Herzogenbuchsee. 2. überarbeitete Auflage 1999
- Strunz, Ulrich: Der Weg zu Kreativität und Höchstleistung. Vitalmind. Herzogenbuchsee. 2. überarbeitete Auflage 1999
- Strunz, Ulrich: Forever young. Das Erfolgsprogramm. München 1999
- Strunz, Ulrich: Forever young. Das Ernährungsprogramm. München 2000
- Strunz, Ulrich: Forever young. Fitness-Drinks plus Eiweiß. München 2000
- Strunz, Ulrich: Forever young. Das Laufprogramm. Erscheint 2000
- Strunz, Ulrich: Forever young. Das Kochbuch. Erscheint 2000
- Schwarz, Hubert: Wer fit ist, lebt länger. Edition Hubert Schwarz. Schwabach 1998

Audio-Kassetten:

- Strunz, Ulrich: Flow. Das Geheimnis der Höchstleistung. 1 Audio-Kassette. Konstanz 1999
- Strunz, Ulrich: Mehr Power! Strategien für bessere Gesundheit, jüngeres Aussehen, größere Widerstandskraft, erhöhte Kreativität und mehr Tatendrang. 1 Audio-Kassette. Konstanz 1999

Register

Adenosintriphosphat
(ATP)   25
Adrenalin   28, 59
aerober Bereich
21, 22, 25, 29
Aminosäure   38 ff.
anaerober Bereich   21, 22
Angina pectoris   11, 15, 17
Antrieb, mangelnder   37
Arteriosklerose   16, 28
Atmen, richtiges   59 f.
Ausdauer   39
Autosuggestion   52 f.

Bewusstes Handeln   51
Biokatalysatoren   33, 38
Biostoffe   36 f., 42
Blutbahnen   16 f.
Blutfettwerte   27
Body-Mass-Index
(BMI)   12 f.

Cholesterin   27, 43
Chrom   37

Diabetes   27

Eiweiß   33, 38 ff.
-, pflanzliches   41 f.
Endorphine   24, 28, 39
Ernährung   33 ff.

Fett   16 ff., 33
Fettenzyme   18
Fettverbrennung
18, 21, 25, 37

Fettverbrennungs-
Turbo   24 f.
Fitness-Barometer   68

Gedächtnisschwäche   43
Gehirn   17
Gehirnhälften   29, 58
Gesamteiweiß   15
Gicht   27

Haemoglobin   15
Harnsäurespiegel   27
Herzinfarkt   11, 16, 28, 43, 59
Histidin   40

Immunsystem   27, 39
Insulin   27, 40
Isoleucin   39

Kalzium   27
Kohlenhydrate-
abbau   21, 22, 33
Konzentrationsfähigkeit
11, 17, 26, 33
Körperfettanteil   13 f.
Körperfettwaage   13, 69
Kreativität   11, 29 f., 58

L-Carnitin   36
Lächeln   24, 55 f.
Laktat   21 f., 64, 67
Laufen   21 ff.
Lebensenergie, neue   26 ff.
Lebensvision   58
Leistungsfähigkeit, geistige
16 f., 18 f.

Leistungsfähigkeit, körper-
liche   11 f., 16 f., 18 f.
Leistungsparameter 12 f., 15 f.
Leucin   39
Lysin   39

Magnesium   15, 37, 47
Mentale Motivations-
techniken   51 ff.
Methionin   37, 39
Migräne   15, 64
Milchsäure –> Laktat
Mitochondrien   28
Motivation   11, 26
Müdigkeit   37
Muskelentspannung   60

Nahrungsergänzung
                         44 ff., 69
Noradrenalin   39

Osteoporose   27

Phantasiereise   61 ff.
Phenylalanin   39
Planungssystem   68
Probleme   57
Pulsgrenze   22
Pulsuhr   22, 69

Ruhepuls   23

Sauerstoffüberschuss
                   21, 23, 26, 27
Schlafstörung   15, 64
Schlaganfall
              11, 16, 17, 28, 59

Schultermuskulatur,
Anspannung der   64 f.
Selen   46
Serotonin   28, 40
Spurenelemente   44
Stimmung   11
Stress   28, 59
Stresshormone   28
Suggestion   52 f.

Taurin   37, 39
Threonin   40
Tinnitus   15
Trainingspuls, richtiger
                           22 f.
Trinken   47
Tryptophan   40

Umweltgifte   45
Unterbewusstsein   51

Valin   39
Vitamin C   36, 43, 46
Vitamin E   43, 46
Vitamine   42 ff.

Wachstumshormon HGH
                        37, 39

Zink   46
Zusammenbruch,
körperlicher   11